KB160731

지무재 수필

지무재수필

김홍대 지음

서 문

틈틈이 쓴 글을 모아 보았다. 대부분 보잘것없는 것들이다. 그러나 개중에 귀여운 것도 있고, 사뭇 비장한 것도 있으며, 무채색이지만 쓸쓸한 것도 더러 있다. 우물 안 개구리라 넓고 큰 세상은 알지 못한다. 그래서 내 생활 가운데 눈에 띈 몇 가지 이야기를 적었을 뿐이다.

공감 가는 것이 조금이라도 있으면 다행이겠다.

김홍대

차 례

01

하늘이 무너질까
두려워 벌벌 떨다

며칠 전 난 흉몽을 꾸었다. 자세한 내용은 벌써 잊었다. 하지만 그 후 며칠 동안 계속 나쁜 꿈을 꾸었으므로 기분이 뒤숭숭했다. 잠을 못 잤으니 몸 상태가 좋을 리 없고 기분도 찌뿌둥했다.

연달아 꾸는 얄궂은 꿈에 마음이 조마조마했다. 그래서 모든 일에 조심했다. 계단을 오르내릴 때도, 운동할 때도, 말할 때도, 그리고 특히 운전할 때는 평소보다 몇 배 주의했다. 무슨 일이 일어날 것만 같아 초조했다.

하루는 운전하는데 긴장해서 손에 땀이 난 것을 발견했다. 머릿속엔 인터넷을 통해 본 사고 영상들이 수시로 튀어나왔다. 재생 버튼을 누른 것도 아닌데 친절하게 참혹한 장면들이 비슷한 대목에서 자동으로 눈앞을 스쳤다. 그럴수록 마음은 더욱 바짝 타들어 갔다.

그러던 어느 하루, 신호 대기하며 나는 손에 또 땀이 난 것을 느꼈다. "이게 도대체 뭐 하는 짓이람" 하는 말이 탄식처럼 나왔다. 그런데 그 순간 머리가 환해짐을 느꼈다. 그래서 난 한마디 했다. "기우로다."

02

비스킷과 초콜릿

대학 생활하며 나는 강아지 두 마리를 기른 적 있다. 마당 있는 집이라 개를 기를 만한 여건이 되었다. 학교에서 돌아오면 반겨 주는 강아지가 있어 좋았다. 이름이 비스킷과 초콜릿이었는데 하는 짓도 여간 귀여운 것이 아니었다. 그렇게 나는 그들과 반년을 지냈다.

그런데 봄기운이 완연하던 어느 날 비스킷이 시름시름 앓았다. 밥도 못 먹고 토하고 기운이 하나도 없이 엎드려 숨만 쉬었다. 당시만 해도 동물병원이 적었다. 내가 해 줄 수 있는 것이 없었다. 병 난 비스킷을 지켜보는 것은 생각보다 힘들었다. 특히 눈빛이 마주치는 순간 개인지 사람인지 구분이 안 될 정도의 공감이 느껴졌다. 돌보아주지 못하는 무능함과 자괴감도 만만치 않았다.

눈앞 귀여운 것만 보았지, 병날 수 있다는 것까진 생각이 미치지 못한 것이다. 봄꽃 시장에 놀러 갔다 아들이 강아지 사달라 조르길래 문득 옛 생각이 났다.

03

갑을

평소 친하게 지내던 선배와 후배가 내 집으로 비행기를 타고 놀러 왔다. 우리는 엄청나게 큰 돌로 된 부처님을 구경했다. 천 길 낭떠러지가 둘러싸인 한국에선 보기 힘든 남태항의 기운도 흠뻑 체험했다. 물론 맛 기행과 밤에 들이키는 것은 빠질 수 없었다.

방학이라 모두 맘 놓고 놀았다. 그때 뜻밖의 문자가 한 통 날아왔다. "김 교수님 돈 좀 빌려주세요." 난 순간 움찔했다. 미간이 찌푸려졌다. 고민이 시작됐다.

처음 직장 생활하며 난 한 동료에게 세 번 돈을 꾼 적 있다. 입술이 그만큼 무거운 것인지 그때 새삼 실감했다. 만 근 같은 입을 열었다. 그러나 동료의 태도와 답은 의외로 유쾌 통쾌였다. 소심하게 망설였던 내가 오히려 좀 민망했다.

성인이 되어 남에게 돈 빌리는 것은 힘든 일이다. 난 경험해봐서 안다. 그러나 하루를 망설였다. 그만큼 가깝지 않았고 미덥지 못했기 때문이다. 난 아무 답도 하지 않았다. 그리고 다음 날 난 내 동료를 떠 올리며 쿨하게 송금했다.

멋있는 척도 사람 봐가며 해야 한다. 그 후 모든 돈은 아내가 관리한다.

04

스스로 재능 없음을
인정해야 할 때가 있다

꿈이 많았다. 어릴 땐 과학자가 될 것이라 장래 희망에 적었다. 추호 망설임도 없었다. 그러나 중학생 때 수학에 재능이 없다는 것을 알았다. 그래서 딱 접었다. 그후 난 문학 작품을 쓰는 작가가 되고 싶었다. 훌륭한 작품을 쓰고 싶었다.

그러나 습작이라고 쓴 것들이 영 시원치 않았다. 열정은 있었지만 대작을 읽어 만들어진 수준이 높아서인지 스스로가 창작한 작품은 허접하기 이를 데 없었다. 그래서 그것도 깨끗이 포기했다.

군에 있을 때였다. 동기 한 명이 음악 하는 친구였다. 소질도 재능도 있어 보였다. 나는 그때 음악을 해보고 싶었다. 열정적으로 음악 하는 그들이 얼마나 근사하고 훌륭해 보이던지 저거라고 생각했다. 그러나 그것이 불가능하다는 것을 아는 데 오랜 시간이 걸리지 않았다.

그때 난 좋아하는 뭔가를 찾아 전력 질주해 보고 싶었다. 그러나 아쉽게도 그걸 찾지 못하는 형국이었다. 에너지는 넘쳐 나는데 쏟아 낼 곳이 마땅찮은 것이다. 난감했다. 깜깜했고 혼란스러웠다. 능력 없음을 빨리 알아 헛고생 안 한 것은 큰 다행이다. 나오지 않을 우물을 계속 파는 것이 무슨 소용 있겠는가? 하고 싶은 것을 할 수 없는 능력, 그것도 인생 한 부분이다.

05

나는 무슨 사람이지

아침에 도시락을 싸 산 하나 넘는다. 맑은 물이 힘차게 흐르는 계곡에 도착한다. 나뭇가지 드리워 그늘 잘 드는 곳에 자리 잡는다. 편하게 앉거나 누울 수 있게 손본다. 책 꺼내 읽는다. 잠 오면 잔다. 배고프면 먹는다. 더우면 목욕한다. 누워 하얀 개울을 본다. 해가 돌아갈 시간이라 알려 준다. 느긋하게 돌아와 저녁 먹고 잔다.

난 이렇게 아무 근심 걱정 없이 6개월 깊은 산에서 산 적 있다. 돌아보면, 50평생 가장 뿌듯하고 만족스러운 시간이었다. 돈도, 권력도, 아무것도 없었다. 그러나 자연이 들려주고 보여주는 가슴 벅찬 향연은 어떤 말로도 쉽게 형용할 수 없이 가슴 곳곳을 아름답게 물들여

주었다.

나도 한때 산 사람이었다.

하선구(何先球), 〈임천소사〉, 2016, 종이에 수묵, 248x129cm, 개인소장

06

다 안다

결혼해본 사람은 다 안다. 남자나 여자는 생각보다 신비롭지 않다는 것을.

애 낳아 본 사람들은 다 안다. 키우는 것이 생각보다 어렵다는 것을.

나이 든 사람들은 다 안다. 세월이 빠르다는 것을.

죽음도 별거 아닐 것이다.

장두일, 〈염원〉, 2018, 한지에 수묵채색, 50x65cm, 작가소장

07

아무도 안 믿소

난 아무도 믿지 않는다. 부모도, 아내도, 자식도, 물론 나 자신도 마찬가지다. 다른 사람을 믿지 않는 것은 그들을 의심해서가 아니다. 안 미더워서는 더욱 아니다. 그들을 믿지 않는 것은 내가 완전히 독립하고 싶기 때문이다. 나는 나 자신을 믿지 않는다. 못 미덥고 의심스럽기 때문이다.

하선구, 〈지열, 열반〉, 2013, 종이에 수묵, 70x50cm, 개인소장

08

해장국

몸 축나고, 돈 축나는 술을 왜 그리 먹냐? 나이 드신 어머니가 투덜거리신다.

그러게요, 몸 축나고 돈 축나는데 왜 마실까요?

쓰린 속을 달래며 나도 묻는다.

장두일, 〈완두콩〉, 2018, 한지에 혼합재료, 50x65cm, 작가소장

09

모순

　누구나 정도는 다르지만 방황한다. 특히 진로를 앞두고 하는 고민은 방향과 깊이에서 여타 고민과 차원이 다르다. 한평생 밥벌이해야 하는 것을 정해야 하는데 어찌 쉽겠는가?

　갈릴레오는 과학자다. 그것도 위대한 과학자다. 과학자의 일차 사명은 사실과 진실을 밝히는 것이다. 그런 의미에서 갈릴레오는 단순하지만 무서운 사실을 발견했다. 바로 지구가 태양 주위를 돈다는 사실이었다. 아마 그때 갈릴레오는 쾌재를 불렀을 것이다. 전공을 잘 선택했다. 그 믿음이 있었기에 오늘 내가 한 건 한 거야!!

　그러나 그를 기다리는 것은 기대했던 것과 많이 다른 이상한 것들이었다. 상은커녕 오히려 그를 죽이려던 것이다. 좋아하는 일을 했고 큰 성과를 얻었다. 그런데 다른 사람들이 다른 것도 아닌 목숨을 태워 죽여버리겠다는 것 아닌가. 아마 갈릴레오는 그때 회의와 자괴감이 들었을지 모른다.

사실이 중요한 것이 아닐 때가 많다는 것을 빨리 이해하면 할수록 좋다. 왜냐하면, 그것이 인간이니 말이다. 특히 윗사람들은 대부분 그렇다.

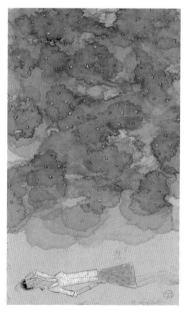

장두일, 〈별밤〉, 2014, 한지에 혼합재료, 65.1x30cm, 작가소장

10

명언

  학위 논문 쓸 때 일이다. 쉬운 길과 어려운 길, 두 길
이 내 눈앞에 있었다. 어떤 길을 가야 하나. 나는 고민
했다. 결과적으로 어리석은 결정을 내렸다. 어려 뭘 몰
라서 그랬다.

  쉽지 않다는 것은 상상했지만, 생각보다 벽은 훨씬 단
단했다. 팽팽한 긴장이 온몸을 싸고돌았다. 신경은 부풀
때로 부푼 풍선처럼 날카로웠다. 앙상한 뼈에 눈알에선
광선이 나올 것 같았다.

  집요하게 물고 늘어졌다. 주위 반응은 갈렸다. "열심
히 한다."와 "저 친구 꽤 피곤한걸"이었다. 그런 하루였다.
지금 아내에게 물어봤다. 확신이 필요했기 때문이다. 잘 봐,
한 획을 두 번 나누어 썼어, 이런 게 이 시대에 많아. 어떤

것 같아? 설득력 있어? 나는 내심 위로와 칭찬을 바랐다. 그러나 돌아온 건 입이 닫히지 않는 말이었다. "끊어졌든 안 끊어졌든 그게 자기와 무슨 상관이야!" 미안하다, 내가 잘못했다.

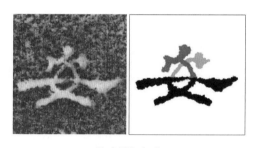

한. 〈사천후비〉. 安

11

유전자

"김 니콜라이", "가야마 미쓰로(이광수 일본 이름)", "김 세리나(김희숙)", "앙드레 김(김봉남)", "킴 죤"과 같은 이름이 있다. 요즘 유행한단다. 혹자는 좋아하고 더러는 싫어한다. 각자 이유는 있다.

우연히 방송을 보다 위와 비슷한 이름을 가진 가수를 보았다. 사회자가 어떻게 그런 이름을 갖게 되었냐 물었다. 근사해 보여 그렇게 지었단다. 모를 일이다. 50년 100년 지나면, "피아오 영철", "추이 경수" 같은 이름으로 이 나라가 도배될 수도 있을 것 같다.

후 노즈.

12

동물의 왕국

호랑이는 새끼를 2년 정도 먹여 살린다. 사자, 곰, 사슴도 그렇게 한다. 심지어 어떤 파충류나 곤충은 더 빠르다. 어미를 떠나는 순간 독립이다. 어미도, 새끼도 다시 만나지 못할 확률이 높다. 어미가 언제 어디서 죽는지 새끼는 모른다. 독립한 새끼가 어떻게 사는지 어미도 철저히 무관심이다.

동물들은 그렇게 산다. 외로움도, 슬픔도, 배고픔도, 아픔도 모두 혼자 감당하며 산다. 그들은 과거에 살지 않는다. 오직 현재를 살 뿐이다. 덜떨어진 나보다 훨씬 똑똑한 것 같다.

13

깜빡했다

이사 오고 열쇠를 집에 두고 나와 곤란했던 적이 한두 번 아니었다. 어떨 땐 밖에 일을 보고 집 문을 열려고 할 때 아차 하는 생각이 드는가 하면, 어떨 땐 문이 철컥 닫히는 순간 앗 하고 한숨이 나왔다. 부주의의 대가는 참혹했다. 어떨 땐 기술자가 못 열어 열쇠 가게를 몇 번 찾은 적도 있다. 나이 먹어 소리 내 울지 못했을 뿐 부주의한 자신이 한심하고 분통 터져 사람만 없으면 소리 내 엉엉 울었으면 속이 시원하겠다 싶은 생각을 몇 번 했다.

살다 이런 일 당해 보지 않은 사람 몇이나 되겠는가? 지갑 놓고 나왔거나, 지하철에 가방 두고 내렸거나, 도서관에 책 놓고 나온 일 등 많다. 그런데 한결같이 그

수업료는 가혹할 만큼 고통스럽다. 특히 신분증이나 카드 등 중요한 모든 것이 들어 있는 지갑을 잃었을 때는 자학만큼이나 자신을 못살게 굴 때도 있다.

그러나 요즘은 나이가 들었는지 좀 달라졌다. 며칠 전난 휴대전화를 잃어버렸다. 과음 후 그만 부주의한 것이다. 자책이 전혀 없었다면 거짓이다. 그런데 이렇게 생각하기로 했다. 병상에 누워있지 않아 얼마나 다행인가.

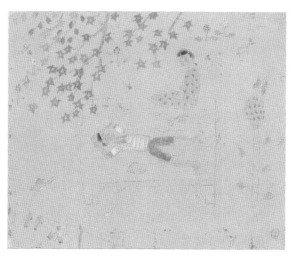

장두일, 〈전원〉, 2016, 한지에 혼합재료, 65.1x53cm, 개인소장

14

차라는 것

2014년 9월 17일 오후 3시 나는 차를 한 대 샀다. 세 살 난 아들과 함께 비 오는 날 매일 12km 떨어진 병원에 다니는 것은 사람을 지치게 했다. 아내는 현 처지에 가장 싼 차를 사자며 제안한 내 말에 "없으면 없었지, 그런 차 안 타요" 하며 단칼에 거절했다. 일리 있어 난 줄곧 참았다. 하지만 일주일 동안 계속되는 병원 신세에 몸과 마음이 녹초가 된 나는 결국 아내 말을 듣지 않았다. 수요일 오후, 부슬부슬 비 내리는 날 아들 병원 치료가 끝난 뒤 택시를 타고 대리점으로 직행했다. 그리고 당시 제일 싼 차를 샀다.

3시간 지나 나는 뿌듯하게 차를 몰고 집에 왔다. 아내는 황당해했다. 하지만 찻값까지 이미 지불한 터라 다른 말은

하지 않았다. 그래서 그날 저녁 세 명이 차를 타고 한 바퀴 돌았다. 비도 맞지 않을 뿐 아니라 에어컨과 음악까지 나오니 작긴 해도 도보나 자전거와는 비교가 안 됐다.

이후 우리 발이 되어준 이 차는 과연 훌륭했다. 고속도로는 물론 웬만한 비포장도로도 거침없이 달렸다. 덕분에 우리 주말은 아주 풍성해졌다. 근처 장대하게 서 있는 태항산 골짝을 누볐고, 주변에 있는 낙양, 정주도 일 보러 다녔다. 그러나 무엇보다 고마운 것은 고약한 날씨에 아침저녁으로 아들 유치원 보내고 데려올 때였다. 가격은 쌌지만, 값어치는 몇 배 이상 해주는 차였다. 난 대만족이었다.

그러나 곤란할 때도 없지 않았다. 귀한 손님 왔을 땐 난감했다. 격식에 맞게 대접해야 했다. 그런데 웬만한 차도 아니고, 부끄러워 얼굴이 달아오를 때가 몇 번 있었다. 내 사정의 속 살까지 보여주는 것 같아 약간 겸연쩍을 때도 있었다. 실용과 격식, 아마 모든 사람이 살면서 적잖게 만나는 단어일 것이다. 그때 당신은 주로 어떤 선택을 하는가?

15

교동도 기

영하 20도를 오르내리는 한파가 왔다. 언론은 60년 만에 찾아온 가장 추운 날씨라 호들갑이다. 모든 사건 사고를 기사화해야 사는 직업이니 그러려니 하면서도 중심 못 잡고 천박하게 날뛰는 한국 언론을 보면 슬프다.

20년 훌쩍 넘는 1990년대 초, 나는 김포 강화지역에서 군 생활 했다. 그리고 강산이 두 번 바뀌도록 한 번도 이 지역을 찾지 않았다. 가야 할 이유가 특히 없다는 것이 가장 큰 이유였다. 프로젝트 일로 한국을 방문했다. 출국하기 하루 전, 나는 문득 강화와 김포가 생각났다. 춥지만 한번 가보고 싶었다. 그래서 연구원 성박사에게 같이 가보는 게 어떠냐고 물었다.

이전과 지금 내 처지가 변한 것처럼 김포는 기억 속

김포가 아니었다. 얼마나 변했는지 입이 다물어지지 않았다. 강산이 변한다는 말은 거짓이 아니었다. 발전된 김포와 강화를 보니 내가 지나온 그동안 시간이 창밖을 스치는 풍경같이 지나갔다. 서른 넘기고 유학 가기로 한 결심, 졸업을 위한 분투, 결혼과 직장 생활… 내가 변하는 동안 강산도 이렇게 쉼 없이 변한 것이다.

차 문을 여니 매섭고 날카로운 바닷바람이 살을 찔렀다. 하지만 전등사 아래 젓국 전골의 맑고 깊은 기운이 얼어 버릴 것 같은 모든 것을 녹여 주었다. 혀끝에 살살 감도는 국물과 착착 감기는 고기 맛이 훌륭했다. 뭐든 제대로 된 것은 감동을 주는 법이다.

강화도에 널려 있는 낮은 구릉과 산을 지나 큰 다리를 건너 교동도에 들어갔다. 대한민국 어느 시골 마을과 다를 바 없었다. 그러나 대룡리에 있는 교동 중심지는 좀 달랐다. 좁은 골목길, 낡은 광고 간판, 쓰러져 가는 집, 마치 내가 초등학교 다닐 때 보았던 면 소재지 모습 같았다.

할머니가 차를 파는 다방에서 마시는 쌍화차는 일품이었다. 말로만 듣던 다방 그리고 쌍화차를 이제 나는 아무렇지 않게 들어와 먹을 수 있게 되었다. 교동도는 내 생 첫 다방과 쌍화차를 선물로 주었다. 날씨는 찼지만 해가 뜨고 지면서 바뀌는 썰물과 밀물같이 그렇게 아무 소리 없이 교동도 하루는 저물었다.

16

대퍼딜

　수선을 모르는 사람은 적을 것이다. 봄에 피는 수려한 꽃이다. 잎이 춘란같이 쭉쭉 오르고 그사이 가늘고 긴 나팔같이 생긴 꽃대가 나온다. 그 끝엔 여섯 개 하얀 꽃잎이 아기 발가락처럼 붙어 있고, 그 가운데 도톰한 노란 꽃술이 단정하다.

　대학 시절 나는 처음 이 꽃을 보았다. 쌀쌀함이 가시지 않은 어느 봄날이었다. 청초하고 고고한 자태가 아름다웠다. 순수했다. 묘한 운명 같은 이 날 만남은 내게 깊은 인상을 주었다. 하지만 그 후 내가 본 수선을 다시 만나기 어려웠다. 같은 수선이라지만 꽃 모양이 많이 달랐고 천박해 보였다.

　며칠 전 나는 계획에 없던 꽃 시장엘 갔었다. 그런데

그곳에서 우연히 젊은 시절 보았던 그 수선을 만났다.
싱그럽고 순수하며 아름다운 자태가 여전했다. 몹시 반
가웠다.

장두일, 〈유년〉, 2013, 한지에 혼합재료, 53x45cm, 개인소장

17

정성이라는 것

　정성은 사람을 감동하게 한다. 그래서 열과 성을 다한 것 싫어하는 사람은 적다. 이것은 우리 생활 속 곳곳에서 만날 수 있다. 정성을 다한 음식은 사람을 겸손하게 한다. 제대로 된 맛을 내기 위해 많은 시간을 투자한 요리사에게 머리가 숙여지기 때문이다. 부족한 시간이지만 최선을 다해 과제를 발표한 학생을 선생님은 싫어하기 힘들다. 왜냐하면 그 같은 결과를 내기 위해 거쳐야 하는 모든 과정을 알고 있기 때문이다.

　석굴암은 통일신라 시대 불상이다. 웅장한 크기와 훌륭하게 마감된 조각은 국적, 시대, 종교를 떠나 많은 사람이 찬미한다. 이유는 간단하다. 날림으로 만든 것이 아니기 때문이다. 그리고 보면 정성의 가치는 시간과 비

례하는 이치를 발견할 수 있다.

젊었을 때 나는 자신과 자부심이 대단했다. 무엇이든 해낼 수 있을 것이라 믿었고, 또 남들이 어려워하는 것을 정면으로 부딪쳐 이기는 것을 좋아했다. 당연히 어려움도 많았다. 고생을 사서 한 면도 많았다. 좋게 보면 청년 정신이 투철하고 진취적이라 볼 수 있다. 나쁘게 보면 인류 지혜를 빨리 터득하지 못한 둔하고 멍청한 사람이라 할 수 있다.

외국에서 유학하던 6년은 이 과정의 끝을 보게 했다. 넉넉지 못한 사정에 연구도 어려움의 극한을 향해 달리고 있었다. 사람이 민감할 대로 민감해져 마치 화난 불도그 같았다. 극도의 피로와 적막함에 저도 모르게 눈물이 흐른 적도 있었다. 다행히 많은 분 도움으로 모든 것이 원만하게 끝났다.

많은 인터넷 서점에서 해적판으로 팔리는 그때 쓴 책을 보니 쓴 웃음이 나왔다. 다신 그러지 않겠지만 맨몸으로 모든 것에 당당히 맞선 자신이 조금 대견해 보였다. 죽을 정성을 다 했던 덕분이라 생각한다.

18

쿨한 인연

죽으란 법은 없다. 아무 방법이 없는 것 같다가도 생각지 못한 새로운 길이 열릴 때가 더러 있다. 2008년 난 한 친구를 만났다. 조 형이라 불렀던 그가 중세시대에서 나를 구해 주었다.

체력적 한계, 학문적 난제, 시간적 압박 그리고 경제적 긴장, 그 모든 문제를 해결해야 하는 중압감은 당시 나를 극한으로 몰고 갔다. 그 누구도 대신해 줄 수 없는 책임은 철저히 파괴되든가 아니면 모든 것을 무찌르든가 둘 중 하나를 선택하게 했다. 타협은 없었다. 매일 세포가 긴장하는 그런 시간이었다.

조 형이 달리 나를 구해 준 것은 아니다. 일주일 두세 번 함께 테니스를 친 것이 다다. 주로 문자로 시간을 정해 학교에서 공을 쳤다. 2년 넘게 우린 그렇게 운동만 했다. 몸을 움직이는 시간 동안 난 모든 걱정 근심에서 해방되었다. 끝나면 마음이 가라앉았고 다시 싸워볼 투지가 터져 오르곤 했다.

　같이 운동했지만 우린 사적 대화를 한 번도 나눈 적 없었다. 조 형과 내가 나눈 대화는 고작 시간과 장소를 정한 문자 메시지밖에 없었다. 그렇게 시간이 흘렀다. 졸업식 끝나고 학교를 떠날 즈음 난 마지막으로 조 형에게 문자를 넣었다. 그날도 같이 테니스를 했다. 그리고 떠나야 한다는 인사와 함께 처음이자 마지막으로 학교 식당에서 저녁을 했다.

　7년 후 난 북경에 장기 출장 갈 일이 있었다. 그래서 조 형에게 다시 문자를 넣었다. 우리는 옛날 그 학교 그 운동장에서 다시 공을 잡았다. 그리고 간단히 서로 안부를 묻고 또 헤어졌다. 참 묘한 인연이다.

19

비인기 종목

발굴을 통해 옛 유물을 정리하고 분석하는 고고학이란 학문이 있다. 이 학문 덕에 우리는 과거 많은 문화재를 만날 수 있다. 고고학은 꼭 필요한 학문이다. 그러나 주류 학문이라 하긴 힘들다. 세상을 주도할 수 없기 때문일 것이다. 그런데도 적지 않은 사람들이 이 학문을 한다. 팔자라는 단어 외엔 설명하기 곤란하다.

어디 학문만 그러랴. 사람도, 예술도, 스포츠도 모두 마찬가지다. 주된 사람이 있고 들러리도 있는 게 사실이다. 많은 사람이 선망하는 예술이 있는가 하면 곧 말라 시들어 버릴 것 같은 예술도 있다. 온 나라가 들썩이는 축구 같은 스포츠가 있는가 하면, 입상했지만 그 어느 신문에도 실리지 않는 스포츠 종목도 많다.

한땐 화려했고 주름잡았지만, 시대가 지나면서 잊히는 것이 많다. 다윈 이론처럼 진화에 적응하지 못한 것이다. 몇천 년 동안 한반도에서 최고 권력을 휘두른 것은 다름 아닌 한자였다. 궁극의 지식은 모두 한자로 기록되었다. 위엄과 권위가 필요한 곳엔 한자가 그 자리를 메웠다. 그 당시 서예는 단연 모든 지식인이 함부로 볼 수 없는 고고한 것이었다. 하지만 21세기 한국에선 어떤가. 한자는 곧 숨이 끊어질 것 같은 노인 같다.

주렁주렁 매달린 의료기기에 의지해 중환자실에 누워 있는 노인, 선택받지 못한 것은 사라지게 마련이다. 그런데 거기에 매달리는 사람들이 더러 있다. 어떡하겠는가? 자기 좋다는데.

입원한 아들

세 살짜리 아들이 링거와
마스크를 끼고 병원 침대에
누워 만화 영화 보고 있다.
좋아하던 사탕도 초콜릿도 싫
단다. 눈엔 힘이 없고 안색이
하얗다.

나더러 집에 가잔다.

나도 집에 가고 싶다.

손목시계

마흔 넘어 처음 손목시계를 장만했다. 꽤 묵직하다. 중
년 남자라고 무게 잃지 말라는 것 같다. 동글동글하다.
모나게 살지 말라는 것인 것 같다. 가끔 소매에 숨었다
나와 번쩍번쩍한다. 때로 환하게 웃으라는 것인가 보다.
잘 산 것 같다.

천명을 알다

지천명(知天命)이란 말을 우리는 안다. 나는 예전 이런 말을 자못 싫어했다. 유교 냄새가 진동하고 모호하기 짝이 없기 때문이었다. 배아를 복제하고 수소 자동차와 무인 자동차가 날개를 펼치는 시대에 천은 무엇이고 명은 또 무엇이란 말인가? 나는 이런 것을 가식 덩어리며 합리적이지 못하고 과학적이지 못한 옛사람들의 지적 허영이라 생각했다.

그런데 오십을 앞둔 몇 해 전 일이었다. 어쩌다 내 삶을 돌아볼 기회가 있었다. 지질한 본성이 어디 가지 않았다. 화끈하지 못했고, 그다지 정직하지도 못했다. 그러나 성실했고 운도 억세게 좋았다.

뒤를 돌아봤으니 자연스럽게 앞날도 예상해 보게 되

었다. 결론은 세 가지로 단순하게 났다. 첫째, 돈 많이 벌 수 있는 팔자 아니다! 둘째, 높이 올라갈 수 없다! 셋째, 유명해질 수 없다! 순간 어른들 말씀 틀린 것 하나 없다는 것을 섬뜩하게 느꼈다.

하선구, 〈세월이 조용해 좋구나〉, 2011, 종이에 수묵, 46x34cm, 개인소장

23

묘한 울림

　산업혁명 후 지금까지 시간은 긴 지구 역사로 보면 우스운 것이다. 지구 역사를 하루로 본다면 눈 깜짝할 만큼 짧은 기간이다. 그런데 문명 발전 속도로 보면 200여 년 역사는 대단하다. 과학 기술 발전은 놀라움을 넘어 경이롭다.

　현대를 살아가는 사람들 특징을 요약해 보면 빠르다는 것이다. 일도, 사랑도, 그 밖 모든 것이 바쁘게 지나간다. 알고 있던 사람 중 오늘은 이 사람이 내일은 저 사람이 아무 예고 없이 세상을 떠난다. 친구, 친척 죽음이 뉴스 기사처럼 빨리 잊힌다. 이런 일들이 반복되며 사람 의식이 서서히 변한다. 생의 마감이라는 가치가 그러할진대 다른 것이 더 중요하긴 어렵다.

그리고 똑똑한 사람들은 자신도 그렇게 될 운명이라는 것을 잘 안다. 그래서 요즘 사람은 무자식, 무 미래주의를 기반으로 한 향락이 대세인 것 같다. "인생 뭐 있어"라고 한 친구가 자주 말하던데, 묘한 울림이 있다.

24

얄미운 놈

드라마나 영화를 보면 권력 있는 사람들이나 보수층 인사들이 생각보다 많은 카드를 갖고 세상을 좌우하며 사는 것을 볼 수 있다. "돈으론 귀신도 부린다."란 말도 있는 것처럼 이들은 일단 돈이 많다. 그러므로 못할 일이 많지 않다.

그에 반해 신진 지식인이나 의혈 청년 그리고 심성이 곧고 정직한 사람들 카드는 거의 없다. 적은 핵이 장착된 미사일 갖고 있는데, 아군은 소총밖에 없는 격이다.

내 살면서 숱한 희한한 것을 보았다. 돈 써 권력 얻고, 돈 써 학위 사고, 돈으로 마누라 얻고, 돈으로 직장 얻고, 모든 것을 그 돈님이 척척 해결하는 것이었다. 이쯤되면 남녀노소 막론 세상 사람 모두가 왜 그렇게 그것을 좋아하는지 알고도 남음이 있다.

　그런데 불행하게 조상 덕 아니면, 그것 좀 만질 수 있
는 사람은 극히 적다. 요즘 젊은 사람이 애를 낳지 않는
단다. 이해되고 동감이 간다. 가난을 대물림해 주기 싫
다는 것이다. 똑똑한 사람들이다.

25

독하다

결혼해 살면서 난 비로소 알았다. 사람은 완전히 다르다는 것을 말이다. 집에 화초를 몇 길렀다. 난초 두 화분, 분재 두 화분 그리고 조그만 화분 서너 개가 있었다. 애지중지했다. 잔손이 많이 갔다. 어떨 땐 귀찮은 면도 있다. 그러나 같은 생명이므로 정성을 다했다. 그리고 그들이 보여주는 변화는 감상할 만한 것이었다. 일 년에 한 번 피는 꽃을 보는 날엔 마치 내 애가 태어난 것 같이 기뻤다. 물론 건강하게 잘 자라주어 고맙기도 했다.

여름 방학 때 애를 데리고 부모님 집에 귀국할 일이 있었다. 신신당부했다. 구체적으로 어떻게 돌봐야 하는지 자세히 알려주었다. 아내 대답이 시원했다. 순간 나는 긴장했다. 그렇게 대답할 때 안 좋은 일이 일어났던 것을 몇 번 경험했기 때문이다.

두 달 지나 돌아왔을 때, 나는 악하고 비명을 지르고 말았다. 4~5년 그렇게 아끼고 사랑하며 돌보던 내 두 화분이 베베 틀려 말라 죽어있었기 때문이었다. 정확히 내가 집을 비운 두 달 동안 한여름 불같은 태양 아래 단 한 번도 물을 마시지 못한 것이 원인이었다. 사람으로 치면 아사한 것이다. 미안해하며 하는 말이 더욱 놀라웠다. "거기에 화분이 있는 줄 몰랐어." 마치 무엇을 잔인하게 살해한 것 같았다. 식물 학대 방지법이 있어야 한다.

하선구, 〈산이 하는 말〉, 2007, 종이에 수묵, 36x29cm, 개인소장

26

내가 천박해지는 이유

세상엔 많은 즐거움이 있다. 먹는 것, 노는 것, 구경하는 것, 일하는 것, 몰입하는 것 등 셀 수 없이 다양한 기쁨이 있다. 물론 사람마다 좋아하는 것이 다르다. 그리고 이해하고 느끼는 깊이도 다르다. 이쯤 해서 약간 고차원적 단어가 하나 등장한다. 바로 "경지" 혹은 "깊이"라는 말이다.

내 나이 오십에 가깝다. 적지 않게 산 셈이다. 그러니 세상 이치나 여러 가지 즐거움도 조금 안다 할 수 있을 것이다. 그 많은 즐거움 중, 개인적으로 가장 깊은 경지를 느껴본 것은 책 읽기였다. 짜릿하고 흥분될 뿐 아니라, 어떨 땐 하루가 언제 갔는지 모를 만큼 빠져들었다.

읽은 책이 한 방 가득 쌓여 가는 것을 보는 것은 흐뭇

하다 못해 감격스러웠다. "내가 저렇게 많은 책을 읽었단 말이지"하고 있으면 내밀한 자신감으로 마음도 안정됐다. 대학자나 최고 경지를 개척한 사람들과 함께한 시간이 늘다 보니 자연 사람 무게감이 더해졌다. 재미있고 유익한 것들이 방에 가득하니, 마치 내가 좋아하는 음식이 냉장고 가득한 것과 유사한 기쁨이었다.

그런데 어느 날부터 난 책을 사지 않았다. 근 20년 가까이 되었다. 경제적 궁핍도 이유긴 하다. 그러나 떠돌이 삶과 동의어인 잦은 이사가 나를 이렇게 만들었다. 읽었던 책을 쌓으며 누렸던 호사를 오랫동안 누릴 수 없었다. 아하 그래서 내가 자꾸 천박해지나 보다.

27

노안

난 눈이 좋았다. 초등학교 때부터 마흔까지 대략 1.5 시력을 유지했다. 그래서 안경 낀 사람들이 부러워 보일 때가 있었다. 그런데 언제부터인가 안경이 액세서리로 간주되기 시작했다. 대략 20세기 90년대 즈음으로 기억한다. 안경이 눈 나쁜 사람이 쓰는 도구가 아니라 이미지 메이킹을 담당하는 물건으로 쓰이기 시작한 것이다. 디자인 비평으로 보면 기능 변화다.

옳거니, 그럼 나도 한 번 써보자. 그런데 예상과 달랐다. 20분이 지나지 않았다. 땀이 나 끈적거렸다. 안경테에 가려 앞도 잘 보이지 않았다. 줄줄 미끄러지기도 했다. 재갈 물린 것처럼 갑갑했다. 알고 보니 안경이란 것이 귀찮기 짝이 없는 물건이었다. 당장 벗어 던져 버렸다. 몹쓸 물건이었다. 고상하고 분위기 있는 척하는 것은 힘든 것이었다.

마흔 훌쩍 넘긴 어느 날부터인가 책과 그림이 잘 보이지 않았다. 너무 갑작스레 찾아와 당황스럽고, 또 생활하기 답답해 병원에 갔다. 그런데 의사 표정이 야릇했다. 환자 답답함이나 조급한 심정을 전혀 개의치 않는 듯했다. 그러더니 넌지시 "약 없습니다. 자연스러운 거예요. 노안입니다."라고 했다. 노안이라… 이젠 꼼짝없이 안경 써야 할 판이다. 늙어 낼 분위기도 없는데 말이다.

28

거짓말

신입생 중 반장 여학생이 있었다. 성격이 활발하고 싹싹했으며 공부도 썩 잘했다. 교수님들 사랑은 당연히 그 학생 것이었다. 일 년쯤 지나 이 학생을 우연찮게 대학 사무실 앞에서 다시 만났다. 그러나 예전과 달리 살이 많이 올라있었다.

생글생글 웃는 얼굴은 여전히 보기 좋았다. 그러나 나는 그만 큰 실수를 하고 말았다. "아니 너 어떡하다 이렇게 뚱뚱해졌어?" 원망하는 빛으로 변하는 건 찰나의 시간도 걸리지 않았다. 다른 사람도 있었으므로 상황은 대충 그렇게 종료됐다.

그런데 공교롭게 10분쯤 뒤 나와 그 학생은 대학 다른 곳에서 또 조우했다. 그래서 이번엔 내가 이렇게 얘기했다. "살이 오르니 예전보다 훨씬 귀엽고 생기 있다. 더 보기 좋아." 입이 귓가에 걸리는 시간도 빨랐다.

　남을 기분 좋게 하는 말은 대부분 거짓인 경우가 많다. 상대방도 헛말인지 안다. 그런데도 듣는 사람은 매우 좋아한다. 거짓말 잘하는 것을 배우는 것은 인류 지혜의 정수를 얻는 것이다. 부단히 노력해서 잘 쓰도록 항상 갈고닦아야 한다. 그러면 인생이 편해질 수 있다. 난 이 좋은 걸 못해 욕을 적잖게 먹고, 분위기도 잘 못 띄운다는 핀잔을 듣는다. 내가 생각해도 어리석다고밖에는 설명할 길이 없다.

29

그림

집에 그림 한두 점 없는 집 없다. 벽에 걸린 이유는 각각이다. 어쨌든 집마다 그림이 있다. 그런데 이 그림이라는 놈은 한 가지 특징이 있다. 꼼짝 않고 한 자리에 말없이 있는 것이다.

조용한 사람은 존재감이 없다. 화려하고 언변 좋은 사람은 어디서나 돋보이기 마련이다. 그들이 세상을 주도한다. 무언가는 낮에 이루어지기 마련이다.

그런데 사람은 활동만 하며 살 순 없다. 쉬어야 하고 잠도 자야 한다. 그래야 다시 활동할 양식이 준비된다. 이런 침묵의 시간, 동면의 시기, 정숙의 세계에서 통찰과 지혜가 나온다.

그림은 바로 이런 시간에 사람들에게 다가온다. 숙면

하고 일어나 눈을 뜨는 순간, 그 적막하고 고요한 시간에 눈을 통해 대뇌로 전달되는 무언의 부호들이 사람들에게 말을 건넨다. 선을 따라가 보기도 하고, 색을 대조해 보기도 하며, 입체와 공간을 통합해 보기도 하고, 내용 따라 상상도 해본다.

영화같이 펼쳐지는 화가의 이야기는 이렇게 말없이 사람들 뇌에 전달된다. 일류작가 작품은 창조력과 영혼의 힘이 고스란히 작품 속에 간직되어있다. 그래서 보는 사람에게 충분한 창조적 기가 전달된다. 좋은 작품 하나 집에 떡하니 걸어 놓고 싶다.

장두일. 〈별밤〉. 2008. 한지에 혼합재료. 91x91cm. 작가소장

30

묘지명

세상에 태어나 한평생 살다 가면서 어찌 생에 대한 감상이 없겠는가? 그 감회를 간략하게 적는 것이 또 묘지명 아니겠는가! 한 번은 엄마랑 차 타고 가며 묘지명 애기를 한 적 있었다.

"외국 사람들은 이런 식으로 묘지명 남긴답니다." "재미있지 않소?" "엄마는 남기고픈 말 없소?" 내가 물었다. 그랬더니 좀 있다 엄마가 이렇게 말했다.

"뛴다고 뛰어야 여기다."

31

낫 놓고 기역 자도 모르다

집 근처 맹인 안마소가 있었다. 가끔 몸이 고장 나면 나는 이곳을 찾았다. 나보다 나이가 한 살 어린 안마사는 말도 재미있게 잘하고 성격이 밝아 단골이 많았다.

이 소장은 태어날 때부터 앞을 보지 못했다. 그래서 부모가 그를 버렸고 그는 줄곧 보육원에서 성장했다. 성년이 되어 그는 결혼했고 슬하에 아들 하나가 있었다. 다행스러운 것은 그의 안 사람은 정상인이었고 안마사와 늘 같이 있었다.

비가 꾸질꾸질 내리는 12월 어느 하루였다. 예약 시간에 맞춰 나는 집을 나섰다. 질척이는 발바닥만큼 쑤셔대는 몸과 찬바람같이 심산한 마음을 이끌고 안마소에 도착했다. 강하고 약하게 리듬을 타고 움직이는 안마사 손은 언제나 그렇듯 숙련되게 아픈 곳을 꼭꼭 누르며 훑어 내렸다.

매일 집사람과 함께 있는 이 안마사는 이날따라 더욱 상냥하고 유쾌하게 그의 아내와 이런저런 이야기를 오손도손하며 하하 흐흐 대화를 나누었다. 듣고 있던 나도 마음이 흡족하고 기분이 좋아 몇 번 따라 웃었다.

그러던 중 나는 묘한 상실감에 빠지고 말았다. 신체적으로, 사회적으로, 내가 이 소장보다 못한 것이 없었다. 그러나 그는 나보다 훨씬 유쾌하고 근사하게 삶을 향유하고 있었다. 맞다. 내가 장님이고, 그가 지혜로운 사람이다.

장두일, 〈전원〉, 2013, 한지에 혼합재료, 53x41cm, 개인소장

32

세한도

2020년 1월 현재 세계에서 가장 큰 이슈는 중국 우한 발 코로나바이러스로 인한 전염병이다. 사태가 매우 심각하다. 27일 사망자 수가 급격히 늘었다. 확진자와 의심자는 말할 것도 없다. 더욱 심각한 것은 이 바이러스가 세계적으로 급속히 확산하고 있다는 것이다. 어떤 의사는 감염자가 세계에 10만이 넘으리라 예측했다. 사람을 더욱 공포로 몰아넣는 것은 치료 약 부재와 가공할만한 전염 속도다.

우한은 23일 갑자기 봉쇄됐다. 외부인이 들어갈 수도 없고, 내부인이 나갈 수도 없다. 미국, 프랑스, 영국 등은 자국민을 구출하기 위해 전세기를 띄운다고 한다. 한국도 준비 중이란 기사가 쏟아졌다. 어려움을 당했을 때

사람 본심은 쉽게 나타난다. 위 기사에 달린 댓글을 보니 웃음이 나왔고 또 한숨도 나왔다. "지금 전세기 띄워 데려온다니 미친 거 아닙니까!? 전 국민 죽이겠다는 뜻이네요", "진짜 미안한데… 너희도 양심  이 있으면 오라 해도 오지 마라…", "오긴 뭘 와? 오지 마", "오지 마라, 그곳에 있길 바란다". "뭘 데려와? 거기서 알아서 살아남아라, 해야지" 물론 이런 댓글도 적지 않다. "자국민은 보호해야죠. 부디 건강히 오시길", "우리 국민은 데리고 와주세요. 격리 조치시키더라도", "그렇다고 저대로 놔둘 수는 없잖아, 빨리 데려와라!!!"

그렇다, 날씨가 추워진 후에라야 송백이 늦게 시듦을 알 수 있다. (歲寒然後 知松栢之後凋也) 몇천 년 지났지만 변한 것은 없다. 상황이 이런데 평소 남달리 친했다 생각했던 친구들에게선 연락 한 통 없다. 모두 술친구였다. 정리해야겠다.

33

꼭 한 번 만나 보고 싶은 사람

사람은 누구나 고민한다. 크든 작든 말이다. 작은 고민은 오늘 무슨 옷 입을까 하는 정도다. 사실 이렇든 저렇든 별 상관없다. 그런데 "어떤 길을 가야 하나?"와 같은 고민은 인생을 송두리째 바꿀 수 있어 신중해야 하니 무겁다. 나도 사람인지라 몇 번 이런 선택을 해야 할 때가 있었다.

다행스럽게 나는 큰 고민을 할 때마다 찾아 상의하는 사람이 있다. 그들은 한국 사람이라 언어 벽 없어 편하다. 그리고 자상해 내치는 법도 없다. 내 말을 끝까지 들어주셔서 고맙다. 가슴 깊이 존경한 건 20년 넘는다. 지금 돌아보면 그분들 지도는 항상 옳았다.

그런데 서운한 점이 딱 한 가지 있다. 꿈에서라도 꼭 만나고 싶지만, 아직 한 번도 못 뵈었다. 이분이 바로 세종과 김환기다.

하선구, 〈호남사생〉, 2015, 종이에 수묵, 46x35cm, 개인소장

34

담담함

어딜 가던 아웃사이더가 있다. 여러 가지 이유로 제도권 밖에 있는 사람들 말이다. 못생기고 키도 작은 한 건축가가 있다. 이름이 왕주(王澍)다. 겉으로만 보면 별 볼일 없는 사람이 틀림없다. 외모 지상주의 시대에 경쟁력 없는 생김새는 지루함과 동의어다.

그런데 이 사람 말을 들어보면 생각이 달라진다. 보물이며 경지에 오른 사람임이 틀림없다. 건축에 대한 이해가 분명하고 자기 세계가 공고하다. 어느 날 그가 이런 이야기를 한 것을 들었다. "평범하고, 담담하게 살려 노력합니다. 주위에 친구도 없으며, 모임도 하지 않아요." 혼자 지내는 시간이 많다는 말이다. 그리고 그는 다시 말했다. "평담한 생활은 어렵습니다. 그것은 외로움을

뜻하기 때문입니다."

　휘핑크림에 초콜릿을 듬뿍 넣은 달콤한 카페모카 맛이 환영받는 시대다. 담담함과 외로움은 마치 매서운 바람이 부는 설산을 어슬렁거리는 야수와 같은 맛이다. 환영받기 어렵다. 앞으론 더 할 것이다.

하선구, 〈돈황사생시리즈〉, 2011, 종이에 수묵, 46x35cm, 개인소장

35

집밥

    나이 들면서 감투도 쓰게 된다. 그러면 이런저런 자리에 앉아 있어야 하는 것이 사회생활이다. 접대해야 하는 곳에 음식과 술이 빠질 순 없다. 음악회에 연주가 없는 곳이 없지 않은가. 그런데 신기한 것은 이런 자리에서 먹는 음식은 아무리 비싸고 좋아도 실하지 않다. 이상하게 집에선 국수 한 그릇에도 배가 부른데 말이다.

36

도시인

세상을 살며 누구나 여러 번 큰 충격을 받는다. 내용
도 각각이다. 그러나 대부분 사람 때문이다. 서른 살 때
나는 처음 묵직한 아픔을 느꼈다. 꽤 늦었지만, 여러모
로 잘된 일이라 생각한다.

모든 것에 열심히 한 서울 출신 선배가 있었다. 고민
많았던 시절이라 많은 시간을 같이했다. 선배는 먼저 졸
업했고 얼마 후 좋은 곳에 취직했다는 소식도 들었다.
그 후 난 칼같이 정리당했다. 많은 것을 공유했던지라
약간 당황스러웠다. 빠르고 쉽게 그리고 철저하고 확실
하게 난 그의 세상에서 잘려 났다.

고마운 선배다. 산골 출신인 내게 디지털시대 인간관계 정석을 어떤 불이익도 주지 않고 정확하게 알려 주었기 때문이다.

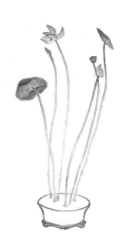

37

말 많은 동네

어디서건 적당한 것이 먹히지 않는 곳이 있다. 서른 고개를 넘을 때 난 생각과 감정처리가 빠르지도 정갈하지도 못했다. 고맙게도 한 선배가 신입생 환영회 때 이런 말을 해주었다. "말 많은 곳입니다. 언행 각별히 유의하세요."

말하지 않지만, 모두가 지켜본다. 언행에 철저히 유의하지 않아야 할 곳이 사람 사는 세상천지 어디 있단 말인가?

38

빠샤

   돈 없던 학생 시절 얘기다. 책보다 점심시간 되면 종종 남자 몇 명이 모여 학교 앞 중국집에 갔다. 각자 먹고 싶은 것을 시켰다. 그리고 작은 고량주 한 병을 부탁한다. 술을 잔에 따르면 딱 한 잔씩 나온다. 빈속에 원샷 한다. 숨을 10초 정도 멈춘다. 그러면 술기운이 확하고 올라옴을 온몸으로 느낄 수 있다. 신기한 것은 식사가 끝나 문을 나설 때면 술기운을 찾을 수 없었다.

   잠시 이렇게라도 세상을 확 잊어버리고 싶은 생각에 문득 빠샤 생각이 났다.

39

감옥 탈출기

꿈을 꾸었다. 크게 말이다. 훌륭한 사람이 되어 많은 사람이 부러워할 직장에 다닐 것이다. 좋은 옷입고 부티가 나는 모습이 행동에 자연스럽게 배어 나오게 할 것이다. 의젓한 행동과 훌륭한 예의범절로 존경 받을 것이며 멋진 무엇으로 공을 남길 것이다.

그런데 꿈을 꿀수록 현 처지가 부끄러워졌다. 지질한 내가 미워졌고, 정직하지 못한 내가 한심했으며, 명석하지 못한 머리가 원망스러웠다.

난 스스로 감옥을 만들어왔다. 말로 만드는 벽보다 높고 견고한 건 없다. 아쉽지만 약도 거의 없다. 언제 탈출할 수 있을지는 운에 맡겨야 한다.

40

빨강 머리 앤

정확하게 기억나지 않는다. 그런데 내가 초등학교 다닐 때쯤임은 분명하다. 빨강 머리 앤이라는 만화가 있었다. 사내 애가 좋아할 내용은 아니었다. 그러나 누나와 여동생은 열심히 보았다. 주인공은 고아 여자 앤이다. 이 애를 기르는 것은 검소하고 단정하며 잔정 없지만, 사리가 분명한 마릴라와 그의 오빠 매슈다.

30년이 지나 애를 키우며 나는 이 만화를 다시 보게 되었다. 새로운 감동은 분명 있었다. 조잘조잘 얘기하는 앤이 가끔 시끄러운 것은 사실이나 훌륭한 소설임은 확실했다. 그런데 이 만화를 보며 난 매슈라는 나이 든 할아버지에 관심을 두게 됐다. 말 없고, 일만 하며, 담배를 피우고, 같이 밥을 먹는 것이 거의 다다. 가끔 앤 편을 들어주고 선물도 준다. 다른 사람과 왕래는 거의 없고, 말이나 소, 돼지, 닭들과 더 친하며 끊임없이 일만 하는 분이다. 허스버트 씨를 보며 나는 문득 내 할아버지가 생각났다. 그립고 고마워서 그런 것 같다.

장두일. 〈땅에서 놀다〉. 2012. 한지에 혼합재료. 41.5x53cm. 작가소장

41

큰 나무

큰 나무를 보면 사람은 대부분 신령감을 느낀다. 그것은 본능에 가깝다. 오래 살아야 100년이 한계인 사람이다. 그래서 몇백 년을 살아 몇 둘레나 되고 하늘 높이 솟아 있는 아름드리나무를 보면 세월에 그냥 압도되는 것이다.

큰 나무 같은 사람이 있다. 경험과 무게와 지혜에서 다른 사람을 압도하는 큰 인물 말이다. 한 마디 한 마디가 범상하지 않고, 핵심을 콕콕 찔러 무릎을 치게 하는 사람 말이다. 나는 오늘 책을 통해 그런 사람을 보았다. 행복하다 못해 몸 둘 바를 모를 지경이다.

경외감

난을 키운 지 몇 년 되었다. 전문 지식 없었다. 책도 사 보지 못했다. 그러나 정성 다해 돌봤다. 잎이 얼마나 튼튼하고 싱그럽고 빼어난지 몰랐다. 하지만 2년간 꽃을 보지 못했다. 이유가 뭘까? 이런저런 생각을 해보았다. 그러나 아무리 궁리해도 답은 나오지 않았다.

가을도 가고 추웠던 겨울도 지나갈 무렵이었다. 어느 날 창가에 있는 난을 문득 보았다. 그런데 잎줄기들 사이에 꽃대가 솟아나고 있었다. 기뻤고 놀라웠다. 오랜 시간 꽃을 준비한 난이 공경스러웠고, 모든 것을 이치에 맞게 만들어 가는 대자연이 두려웠다.

43

매화

학교 한적한 곳에 매화 50그루 정도 심어 놓은 곳이 있었다. 매년 초 한 번 꽃을 피우는데 매화 동산에 꽃이 피면 장관이었다. 생긋한 향기가 찬 바람 끝에 가끔 실려 왔다 실려 가는데 그것이 일품이다. 또 온 하늘을 덮고 있는 매화꽃을 보는 것이 훌륭하며, 벌들이 윙윙거리는 소리를 듣는 것 또한 무척 운치 있다.

그러나 무엇보다 좋은 것은 그곳에 자리 펴고 가족과 함께 오찬을 나누는 것이다. 10살 남짓 사내애는 나무에 올랐다 내렸다 뛰어다녔다 더러 누었다 먹다 마시다 쉴 새 없다. 다섯 살 남짓 여자애는 오빠를 따라 쫓아다니며 울었다 웃었다 싸웠다 소리 질렀다. 또 자기 나름대로 바쁘다. 우리는 자리에 앉아 눈 호강을 즐긴다.

내게 매화는 이런 풍경이다. 그런데 올해는 역병이 창
궐해 이 모든 것을 못 하게 됐다. 화창한 봄날 다 떨어
진 매화꽃을 보니 좋았던 시절 생각이 났다.

장두일, 〈전원〉, 2015, 한지에 혼합재료, 27.3x34.8cm, 작가소장

44

지무재

지무재는 내 서재 이름이다. 뜻인즉 "아무것도 없음을 알아야 하는 곳"이라는 내용이다. 좀 거창하다. 그러나 사실이 그렇다. 설명이 필요하나 여기선 생략한다.

서재 이름이 있으니 그럴듯한 글씨가 필요했다. 그래서 내가 먼저 붓을 들고 써보았다. 썩 괜찮았다. 그리고 평소 친분이 있던 분들께 서재 이름을 써 주시면 고맙겠다 부탁해 몇 장 얻었다.

사람마다 생긴 게 다르듯 글씨도 다른 법이다. 사람마다 격이 다르듯 글씨가 가진 품위와 격조도 다른 것이다. 음식 맛 분별해 내듯 글씨 맛 감별해 내는 것 또한 즐거운 것이다.

김홍대, 〈지무재〉, 2017, 종이에 먹, 26.5x64cm, 개인소장

임극(林克) 〈지무재〉, 2020, 종이에 먹, 34x135cm, 개인소장

진흥의(陳興義), 〈지무재〉, 2017, 종이에 먹, 45x95cm, 개인소장

하선구, 〈지무재〉, 2017, 종이에 먹, 34x135cm, 개인소장

45

숭수재

　고대 그리스 철학자들은 만물의 근원에 대해 생각했다 한다. 탈레스는 물이 만물 근원이라 했다. 아낙시메네스는 공기라 주장했고 데모크리토스는 원자라고 했다. 그러나 엠페도클레스는 자연은 단 하나의 재료로 이루어진 것이 아니라 흙, 공기, 불, 물이라는 네 가지 원소를 근간으로 한다고 설명했다.

　어렸지만 나는 그들 이론이 일리 있다 생각했다. 그런데 피타고라스라는 엉뚱한 사람은 만물의 근원이 수라 했다. 솔직히 어릴 적 나는 피타고라스라는 사람이 정신 나간 사람일 것으로 생각했다. 어림 없는 말이라 여긴 것이다.

　그러나 나이가 들면 들수록 나는 피타고라스 이론이

정곡을 찌르고 있다고 생각하게 된 것을 넘어 그가 그렇게 주장한 혜안과 용기를 존경하게 되었다. 그래서 나는 내 서재 이름을 수를 숭상하는 곳이라 지었다. 진실로 수가 세상을 지배하고 있다.

임극, 〈숭수재〉, 2020, 종이에 먹, 34x135cm, 개인소장

46

지혜의 고통

어떤 날엔 상태가 좋아 경기서 펄펄 뛰는 선수가 있다. 그런데 얼마 후 그 선수는 예전 그 선수가 맞는가 하는 의심이 들 정도로 무기력한 경기력을 보여줄 때가 있다.

면접시험에 들어가 보면 여러 유형의 사람을 본다. 모두가 간절히 합격을 바란다. 누가 진실한 사람인지 가려내는 것은 하늘 오르는 것만큼이나 어렵다. 사기꾼은 명찰을 붙이고 다니지 않는다.

몇 분만 떨어져도 못살 것 같아 보이는 연인들이 있다. 그러나 몇 년 후 그들 대부분은 언제 그런 일이 있었냐는 듯 살아간다. 자신감, 정직함, 사랑 같은 것은 보이지 않아 사람들을 애태우게 한다. 그러고 보면 지식과 지혜를 구분해 지혜를 구하고 사랑하는 것이 철학이라 했던 그

리스 사람들의 마음이 이해 간다. 눈에 보이지 않는 것
이 중요하고 무섭다. 그래서 골치 아픈 것이다.

장두일, 〈5월〉, 2015, 한지에 혼합재료, 60.6x45cm, 대구은행

47

고수

어떤 분야든 고수가 있다. 무협지에 나오는 신비한 능력을 소지한 자 말이다. 그들 외모는 천차만별이다. 동네 아저씨같이 생긴 사람, 생선 파는 아줌마같이 생긴 사람, 혹은 슈트가 어울리는 말쑥한 사람도 있고, 또 텁수룩한 사람도 있다.

경지에 오른 이들은 몇 가지 공통점이 있다. 바로 살벌한 눈썰미를 가진 것이다. 대부분 몇 수로 거의 모든 것을 파악한다. 그러니 이런 사람에게 잘 못 걸리면 그냥 끝이다. 또 이들은 말이 적어 자신을 잘 드러내지 않는다. 그래서 일반 사람은 알아보기 무척 힘들다. 이들 내공은 무시무시한데 오랜 세월 단련된 것이라 빠르고 날카롭다. 슥 하고 가볍게 내두르는 그들 칼에 대부분 비명도 못 지르고 나가떨어진다. 눈앞 자잘한 것들에 현혹되지 않는 그들은 인내심 또한 강하다. 눈에 보이는 것은 물론 보이지 않는 배후 것도 알아차리는 그들이 부럽고 무섭다.

햇볕이 따뜻하고 바람이 살랑살랑 부는 봄날 아침 새싹을 틔우는 나무를 보며 나는 문득 게으름에 관한 한 나도 일가견이 있지 않을까 하는 생각을 하며 고수라는 단어를 떠올려 보았다.

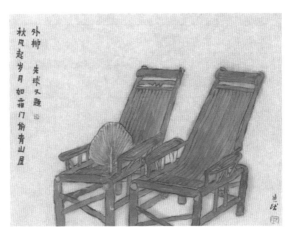

하선구, 〈집 밖엔 푸른 산이 있네〉, 2011, 종이에 수묵, 46x34cm, 개인소장

48

내가 졌소이다

애들하고 놀다 보면 재밌는 것이 많다. 딸이 총을 쏘면 나는 총 맞은 듯 비틀거리는 할리우드 액션을 하다 넘어진다. 애들을 뭐가 재밌는지 이런 걸 보며 깔깔깔 웃는다. 웃다 보면 나도 즐겁다.

애가 두세 살쯤 되었을 때 일이다. 하루는 진짜 죽은 척한다고 넘어져 꼼짝 안 했다. 처음엔 아빠, 아빠 몇 번 불렀다. 대답이 없다. 그러자 얼굴을 이리저리 돌려 보고 찔러도 본다. 그래도 답이 없다. 머리카락을 당겨 보기도 하고 귀를 당기기도 한다. 그래도 아무런 기척이 없다. 이쯤이면 내가 승리했다고 내심 웃었다.

눈을 뜨면 안 되니까 나는 한동안 죽은 척하고 있었다. 약간 시간이 흘렀다. 그런데 애는 당황해하는 기색이 없다. 이번엔 내가 조금 불안했다. 그런데 그때 뭔가 콧구멍을 꽉 찔렀다. 억 소리가 났다.

　눈물이 핑 돌았다. 졌다, 내가 졌다.

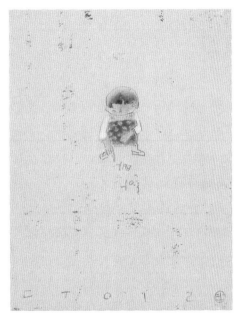

장두일, 〈땅에서 놀다(1803)〉, 2018, 한지에 혼합재료, 65x50cm, 작가소장

49

기호학

초등학교 때 난 공부를 못했다. 하라고 하는 사람도 없었고, 해야 하는 이유도 몰랐다. 농촌에서 할 게 뭐 있겠는가! 그래서 난 질리게 놀았다. 성적은 공부하지 않은 것에 비하면 좋았다.

그런 나를 담임 선생님께서 공휴일 몇 번 학교에 오라고 한 적 있었다. 창피해서 다른 사람에겐 이 이야기 한 적 없다. 공휴일 10리 길을 걸어 혼자 학교에 가는 맛은 상당히 괴상했다. 천방지축이었지만 그 이상한 느낌은 생생히 느낄 수 있었다.

선생님께선 온종일 내게 수학 개인 교습을 해주셨다. 왜 그렇게 하셨을까? 그동안 나는 한 번도 내 자신에게 물어보지 않았다. 30년 가까이 지난 지금 돌이켜 생각해 보면 선생님께서 그때 보내셨던 기호를 조금만 더 빨리 알아차렸더라면 좋았을 걸 하는 생각이 들곤 한다. 그랬다면 내 인생이 많이 달라졌을 것이다. 그때나 지금이나 기호학은 어렵다.

장두일, 〈유년일상〉, 2018, 한지에 혼합재료, 63x41cm, 작가소장

50

운명

아무도 강요하지 않는다. 믿고 말고도 자유다. 그런데 나는 운명이 없다는 편에 섰다. 가당치도 않다고 여겼다. 모름지기 삶은 개인이 개척하는 것이라 생각했다. 그래서 전투적으로 살았다. 오래 하는 전투엔 물자가 많이 필요한 법이다. 에너지가 충분하지 않으면 싸우고 싶어도 할 수 없다.

수도 없는 선택 결과가 오늘 자신을 만든다. 그러고 보면 운명이란 선택인 것 같고, 결정한 것을 추진하는 능력인 것 같다. 이 모든 것은 한 사람의 생각에서 비롯하는 것이니 운명의 근원은 사고력이라고 볼 수 있을 것 같다. 그렇다. 그럼 당신의 사고력은 어떤가?

51

다람쥐

챗바퀴를 돌리는 다람쥐를 보면 재밌다가도 한심한 생
각이 들기 마련이다. 그런데 내가 다람쥐와 별반 다르지
않다는 것을 오십이 다 되어서야 어렴풋이 알게 되었다.

52

놀라운 말

늦게 아들 하나 보았다.
그런데 얼마나 개구쟁인지
온 집사람 신경을 곤두서
게 했다. 애가 다섯 살 때
할아버지 집에 데리고 간
적 있었다. 그날따라 녀석
이 온갖 말썽을 부려 난
녹초가 되었다. 자려는 애를 눕히고 난 작지만 어른들도
들리게 "언제 철들꼬" 하며 토닥여 주었다. 그랬더니 옆
에 계시던 아버지가 무서운 말씀을 하셨다. "한 20년 걸
릴끼다."

53

시간의 힘

노 교수 강의는 역시 노련했다. 쥐락펴락 거듭하더니 마지막엔 깔끔하게 모든 내용을 마무리했다. 익숙한 내용과 숙련된 기교가 듣는 사람 눈과 귀를 황홀케 했다. 영화나 소설에만 카타르시스가 있는 게 아니다. 잘 된 강의를 들어도 유사한 전율은 전해진다.

흔히 있는 질문 시간은 대부분 맥빠지는 것들이 많다. 그러나 좋은 질문이 강의를 더욱 빛나게 했다. "요즘 국가에서 전통공예 진흥계획을 발표했습니다. 교수님은 어떻게 보나요?" "답하기 어렵네요. 우선 국가 정책이니까 우리는 지지해야 할 필요가 있습니다. 그러나 저는 이렇게 생각합니다. 시대에 맞게 살아야 해요. 모든 것을 보호할 필요는 없습니다. 좋은 것은 보호 안 해도 살아남

습니다."

　시간이란 나쁘고 잡스러운 모든 것을 걸러내는 정밀
한 기계다.
　귀하고 고마운 것이다.

하선구, 〈산 소리〉, 2014, 종이에 수묵, 34x24cm, 개인소장

54

혼수품

　내가 태어나기 전부터 우리 집엔 토종벌이 몇 통 있었다. 추운 겨울밤 벌들이 잘 못 움직일 때를 틈타 큰 부엌칼을 들고 아버지가 꿀을 뜨면, 우린 옹기종기 모여 천연 벌꿀을 시식할 수 있었다.

　과자도, 음료도, 케이크도, 빵도 귀했던 시절 1년에 한 번 맛보는 천연 꿀은 가히 겨울을 보내는 백미였다. 봄부터 가을까지 피었던 온갖 꽃들이 맺은 꿀이 모여 창조해내는 맛은 한 해를 마무리하는 겨울을 그려내는 용의 눈 같은 맛이었다.

　어머니가 결혼할 때 가져왔다는 이 벌통은 60년 지난 지금도 우리 집에 있다. 달콤하고 근사한 혼수품이다.

55

최초 실패감을 선물한 영감

80년대 초였다. 벽지 산촌에서 나는 초등학교 다녔다. 학생도 몇 없었다. 한 반에 20명 남짓했다. 부모님은 다른 곳에서 일했고, 난 할아버지 할머니와 함께 살았다.

시골이었지만 당시 크리스마스는 우리에게 큰 명절이었다. 어떻게 알았는지는 기억에 없다. 그러나 분명 루돌프도 산타 할아버지도 난 알고 있었다. 그래서 크리스마스이브 날이면 난 부푼 소망으로 머리맡에 양말을 두고 잤다. 간절한 바람이 있었다.

그러나 눈을 떴을 때 난 크게 실망하고 말았다. 내 인생 첫 패배감과 실망감을 맛보았다. 나쁜 영감이라 생각했다. 아들이 산타 할아버지께 선물 갖고 싶다고 편지 쓰는 걸 보니 웃음과 더불어 옛 생각이 났다.

56

모더니즘

　잘못된 습관을 고치는 것은 살을 베는 고통이 따른다. 초월적 의지와 인내심 없는 자 꿈도 꾸지 말아야 한다. 말장난이 아니기 때문에 그렇다. 여기서 일반인과 뛰어난 사람이 갈린다.

　알고 보면 생각이 다를 뿐이다. 그런데 관습을 바꾸는 것은 말같이 쉬운 것이 아니다. 왕족과 귀족을 위한 디자인이 아니라 대중을 위해 일해야 한다는 생각은 20세기 모더니스트들의 주장과 실천이 만들어낸 결과다.

　그로피우스, 미스 반 데어 로에, 르코르뷔지에 등 발음하기도 어려운 이름을 가진 모더니스트 건축가들은 "Less is more"라는 구호같이 장식을 배제한 건물을 지었다. 기능과 이성, 합리성을 중요시했으며 유리, 강철, 시

멘트 같은 자재를 사용하는 설계를 했다.

황제보단 투표가 좋다.

하선구, 〈솔 파도 소리가 조용하구나〉, 2015, 종이에 수묵, 70x70cm, 개인소장

57

달이 억만 강을 비추는구나

진심은 눈에 보이지 않는다. 그런데 말로만 하면 또 우습고 공허하다. 그럼 어떡해야 하는가? 눈에 보이고 만질 수 있는 무엇으로 뜻과 마음을 전해야 한다. 진심을 담아 "여보 생일 축하해" 하고 끝나면, 그날 저녁 부부 싸움이 날 수도 있다.

소헌왕후가 승하했다. 세종은 아내를 위해 노래를 지었다. 그리고 그것을 출판했다. 이것이 바로 월인천강지곡이다. 먼저 간 사랑했던 아내를 위해 출판한 이 책은 세종의 특별한 선물인 셈이다.

그런데 선물치고는 가치가 너무 무겁다. 두 가지 측면에서 세계 최초를 기록하고 있으니 말이다. 첫째, 이 책은 세계에서 가장 이른 산세리프 금속 활자로 인쇄되었다. 라틴어 산세리프 활자보다 369년 빠르고, 한자보단 438년 이르다. 둘째, 이 책은 본문 글씨를 산세리프 활자로 편집한 세계 최초의 책이다. 본문용 활자로 산세리프가 쓰인 것은 대략 20세기 중반 이후다. 이런 면에서 보면 반 천 년 전에 세종은 아내를 위해 자신이 만든 글자로 정성을 다해 책을 디자인한 셈이다.

세계 인쇄역사에서 두 가지 최초 가치가 담긴 선물을 받은 소헌왕후는 분명 기뻐했을 것이다. 아방가르드 이도, 모더니스트 세종.

58

세계 통일의 꿈

인류 역사엔 공이 혁혁한 전사들이 있다. 그들은 대부분 싸우고 죽이고 탈취하고 강압하며 역사를 만들어왔다. 그 과정은 몹시 잔인하고 악마스러웠다. 총과 칼 앞에 인권은 나약하기 그지없다. 이런 역사는 대부분 유쾌하기 힘들고 많은 사람에게 고통을 준다.

잘생긴 젊은 청년 한 명이 있었다. 그는 피 한 방울 흘리지 않고 세상 사람이 스스로 즐겁게 자신이 만든 제국에서 유쾌하게 생활하는 것을 꿈꾸었다. 그의 꿈은 실현되었고 유례없이 환영받았으며 현재도 진행 중이다.

인류 역사에서 가장 위대한 전략가이자 전사이며 디자이너가 바로 빌 게이츠다. 그런 그가 요즘은 자선단체를 설립해 인류를 구하고 있다. 살아 있는 천사다. 살아 있는 부처다.

59

간단한 사실

선생님은 공부 잘하는 학생을 좋아한다. 축구 감독은
골 잘 넣는 선수를 자주 출전시킨다. 회사 사장은 일 잘
하는 직원을 예뻐한다. 대통령은 잡음 내지 않고 조직을
잘 다스리는 관료를 눈여겨본다.

그렇다. 이렇게 간단한 것이다. 그럼 삶은 어떤 사람
을 좋아하겠는가?

하선구, 〈많은 산봉우리〉, 종이에 수묵, 180x45cm, 개인소장

본능까지 치료하는 기술

사회적 성공을 거둔 사람들이 외도로 몰락하는 경우를 적지 않게 보았다. 그만큼 본능을 억제하기 힘들다는 것이다. 유명 인사가 성범죄와 연루되어 파국을 맞는 경우도 많다. 젊은 사람, 늙은 사람, 남자, 여자, 대통령에서 학생까지 스펙트럼도 다양하다.

문제 핵심은 혼자 해결하기 힘든 본능을 도덕과 윤리로 꽁꽁 묶는 것은 한계가 있다는 점이다. 이쯤 해서 왜 인류 본능이 이렇게 진화되었을까 궁금해지기도 한다.

그런데 4차 산업혁명은 인류 난제를 풀어줄 수도 있을 것 같다. AI 로봇 등장이 많은 사람 고민과 욕망을 깨끗하게 해결해 줄 것 같다. 기술 진화 속도가 무척 빠르고 업그레이드도 된다 하니 지금은 초보 단계지만 머

잖아 훌륭한 서비스가 실현될 것 같다. 이참에 성범죄와
성 부패가 모두 없어져 버렸으면 좋겠다. 그런데 문제가
하나 있다. 비싸단다.

61

나쁜 것은 배우기 쉽다

옛 그림엔 "누구를 존경해 그의 그림을 배워 그렸다."라고 뜻 뜻하게 적은 작품이 많다. 요즘 말로 하면 리메이크 정도 되겠다. 장르는 다르나 아이유가 부른 "너의 의미"가 좋은 예다.

소위 말하는 방작(仿作, 倣作), 리메이크를 잘하려면 가장 중요한 것이 좋아하는 작품을 뼛속까지 알아야 한다는 것이다. 원작을 사골 끓이듯 오랜 시간 살펴 그 진수를 몇 사발 얻어 마셔야 그제야 자기 색이 들어간 볼 만한 작품이 나온다.

조선 시대 내놓으라는 문인 화가들은 방작 그림을 무척 좋아했다. 있어 보이고, 아는체하고, 뻐기기 딱 좋았기 때문이다. "송나라 ~~그림을 배워 그린 것이라네 어떤가?" "음 서권기가 철철 넘치는군" 대략 이렇게 되는 것이다.

하지만 민망한 일이 일어나고 말았다. 조선 문인들이 그려낸 대부분 중국 모방작들이 원작과 닮은 곳이 낯 뜨거울 만큼 없기 때문이다. 그도 그럴 것이 말도 안 되는 가짜만 보고 줄곧 그려댔으니 봉창 두드리는 그림이 나오고 만 것이다.

그런데 반대도 있다. 씨름도로 유명한 김홍도는 조선 후기 화원 화가다. 그는 선배였던 정선을 좋아했다. 그가 겸제를 배워 그린 그림엔 진수를 말로 들이마신 흔적이 넘쳐흐른다.

세상엔 이런 것이 많다.

장두일, 〈땅에서 놀다〉, 2016, 한지에 혼합재료, 162x130cm, 작가소장

62

피아노 협주곡 황제

내겐 보물이 하나 있었다. 바로 라디오였다. 오로지 산밖에 보이지 않는 5월 산촌에 저녁이 되면 공기는 얼음같이 투명해진다. 하늘엔 별이 수화의 점화같이 찬란히 떠오른다.

하루는 설거지를 끝내고 마루에 앉아 라디오를 틀었다. 그런데 한 번도 들어본 적 없지만, 귀를 홀리는 고전 음악 한편이 흘러나왔다. 얼마나 아름답고 훌륭하던지 나는 황홀해 무슨 일이 있어도 곡 이름을 알아야겠다고 마음먹었다. 40분 넘는 피아노 협주곡은 때로는 감미롭게 때로는 격렬하게 그리고 때로는 찬란하게 깊은 산촌 밤하늘을 물들였다. 음악을 들으며 그렇게 짜릿하고 찌릿찌릿하며 설렌 적은 단 한 번도 없었다.

폭풍우 같이 쏟아져 내리던 그 경이로운 음표를 만든 사람은 베토벤이란 사람이었다. 내 생애 최고 음악회였다.

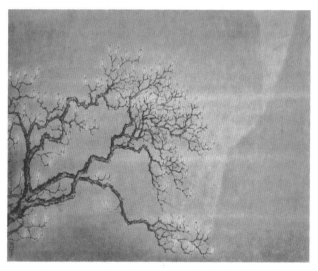

하선구, 〈산에는 꽃피네〉, 2015, 종이에 수묵, 95x70cm, 개인소장

63

꽃 선물을 받다

지도했던 학생에게서 전화가 왔다. 친구 결혼식이 있어 다시 근처에 올 수 있었단다. 우리는 학교에서 다시 만났다. 몇 년 만이었다. 예쁜 숙녀가 된 학생은 나에게 한 아름이나 되는 붉고 붉은 싱싱한 장미 다발을 안겨 주었다. 꽃향기 만큼이나 싱그럽고 색깔만큼이나 붉게 며칠 동안 심장이 뛰었다. 볼 때마다 흐뭇했고 향기를 들을 때마다 달콤했다. 꽃 선물은 정말 근사한 것이었다. 내가 몰랐을 뿐이었다.

64

청자병 이야기

집에 문양과 그림이 없지만, 모양이 같고 빛깔이 다른 청자병 두 개가 있다. 둥글둥글한 이 병을 보면 마음도 유려해지는 것 같다. 고요하고 은은한 빛깔을 보면 나도 모르게 마음이 차분해진다. 쭉 빠진 긴 목은 가볍고 늘씬 해 하늘로 날 것 같다.

때론 구수해 보이고, 가끔은 새침해 보이기도 하며, 어떨 땐 귀엽지만, 언제 보아도 차분하고 품위 있다. 옛 문인의 귀족적 미감이 절제된 아름다움으로 표현되었다. 크지 않지만 아우라가 대단하다.

두 청자병을 아들 공부 방에 두었다.

수십 년 보면 뭔가 전달되는 게 있을 것이다.

65

운치 있는 모임

옛사람들 글 읽다 보면 궁하다, 힘들다, 바쁘다, 마음 같지 않다, 답답하다, 그립다는 내용이 많다. 그리고 보면 어느 나라 어떤 시대건 정도는 다르나 세상 사는 이 치는 대부분 쓰리고 아픈 그런 것인가 보다.

난 젊을 때 환기미술관에서 일 한 적 있다. 그러면서 수화라는 사람을 조금 알게 됐다. 난 그가 쓴 글을 모두 읽었고, 그가 그린 그림을 머릿속에 스캔해 저장했다. 그리고 그 가족 사항과 행적을 자세히 정리했으며, 마지막으로 그가 태어난 안좌도와 서울 곳곳을 답사했다. 환기에 관한 한 국내 대부분 자료를 모았다. 직업병이었다.

처음엔 일로 했다. 그런데 연구할수록 수화가 가진 매력이 사람을 빠지게 했다. 많은 사람이 그의 그림은 격

조 있다 평가한다. 내가 보기엔 두 가지다. 먼저 타협 없이 추구한 구도가 대리석같이 견고하게 화면을 꽉 붙잡고 있다. 그리고 정제되었지만 감각 있고, 절제되었지만 개성 넘치는 화면이 다정하고 깊이 있게 속삭인다. 그래서 그의 그림엔 잡스런 것이 접근 불가한 고상한 품격이 있다.

많은 사람이 모르나 수화 글솜씨 또한 일류다. 꼭 자신이 그린 그림 같아 글맛이 좋다. 읽다 보면 질투도 나지만, 읽다 보면 사람이 보이고, 읽다 보면 맥주잔을 든 친구같이 정답다. 한평생 그림 그리는 사람으로 살고 싶어 했던 그는 요사한 세상일과 구질구질한 행정과는 거리가 있었다.

사람은 비슷한 사람끼리 모이는 법이다. 수화는 친구가 많았다. 하지만 동년배로 가장 잘 통하는 사람이 구미 촌사람 김용준이었다. 둘은 닮은 점이 많다. 그래서인지 요즘 말로 하면 둘 사인 톡 쏘는 케미가 있다. 같이 술도 마시고, 글도 쓰고, 그림 이야기도 하다 보니, 같이 일도 하고, 서로 집도 사고파는 사이가 되었던 것이다.

그들이 살았던 세상은 모두 지났다. 환기는 점 찍으러 뉴욕에 가 눌러앉았고, 근원은 이상 찾아 북쪽으로 갔다. 나는 밥그릇 좇아 멀리 이역 땅에 살고 있다. 모두다 떠났고 또 떠날 것이다. 그런데 오늘은 아직 살아 있는 내가 수화와 근원 선생을 모시고 지무재에서 술이나 거나하게 마셔야겠다. 신안 김, 선산 김, 합천 김 셋이 모인다. 그림 하고 글 쓰는 촌사람 모임이니 제법 쫄깃하고 진득한 맛이 있을 것이다.

하선구, 〈산중독서도〉, 2020, 종이에 수묵담채, 28.4x93.2cm, 개인소장

김홍대 ─────────────────────────────

환기미술관 학예연구원 역임
예술의전당 강사 역임
국립중앙도서관 고문헌 해설의원 역임
경기대 강사 역임
현) 中国 河南理工大学 교수
　　　中韩美术研究所所长

지 무 재 수 필

초판인쇄　2020년 6월 30일
초판발행　2020년 6월 30일

지은이　김홍대
펴낸이　채종준
펴낸곳　한국학술정보㈜
주소　경기도 파주시 회동길 230(문발동)
전화　031) 908-3181(대표)
팩스　031) 908-3189
홈페이지　http://ebook.kstudy.com
전자우편　출판사업부　publish@kstudy.com
등록　제일산-115호(2000. 6. 19)

ISBN　978-89-268-8150-7　03040

이 책은 한국학술정보㈜와 저작자의 지적 재산으로서 무단 전재와 복제를 금합니다.
책에 대한 더 나은 생각, 끊임없는 고민, 독자를 생각하는 마음으로 보다 좋은 책을 만들어갑니다.